AF357684

VENTE
Du Mercredi 4 Février 1874

HOTEL DROUOT, SALLE Nº 5

OBJETS D'ART

ARRIVANT D'ITALIE

EXPOSITION PUBLIQUE

Le Mardi 3 Février 1874

Mᵉ CHARLES OUDART	M. EMILE BARRE
COMMISSAIRE-PRISEUR	EXPERT

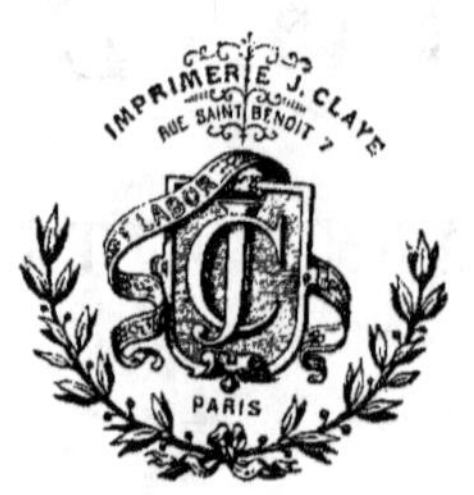

IMPRIMERIE J. CLAYE
RUE SAINT-BENOIT 7
PARIS

CONDITIONS DE LA VENTE.

Elle sera faite au comptant.

Les acquéreurs payeront *cinq centimes par franc,* en sus des enchères, applicables aux frais.

L'Exposition mettant les Adjudicataires à même de se rendre compte de l'état et de la nature des objets, il ne sera admis aucune réclamation une fois l'adjudication prononcée.

CATALOGUE
D'OBJETS D'ART

DES XVIᵉ, XVIIᵉ ET XVIIIᵉ SIÈCLES

MEUBLES

CABINETS, COFFRES, PIED DE TABLE, LIT, SIÉGES
TORCHÈRES, TABLES

FAÏENCES

D'URBINO, CASTELLI, SAVONE, VENISE, SERVICE DE TABLE
EN FAÏENCE DE GINORI, BELLE RÉUNION DE PLAQUES
DE CASTELLI, ETC.

TAPISSERIES DE LA RENAISSANCE

BELLES ÉTOFFES

ARMES, CUIVRES, FERS, HARPES LOUIS XVI, GUIPURES ANCIENNES

BORDURES ITALIENNES

BOIS SCULPTÉ ET DORÉ DES XVIᵉ, XVIIᵉ ET XVIIIᵉ SIÈCLES
STATUETTE DE JEANNE D'ARC EN BRONZE
OBJETS DIVERS

LE TOUT ARRIVANT D'ITALIE

DONT LA VENTE AURA LIEU

HOTEL DROUOT, SALLE Nº 5
Le Mercredi 4 Février 1874

A DEUX HEURES

COMMISSAIRE-PRISEUR	EXPERT
Mᵉ **CHARLES OUDART**	M. **ÉMILE BARRE**
31, rue Le Peletier.	20, Chaussée-d'Antin.

EXPOSITION PUBLIQUE

LE MARDI 3 FÉVRIER 1874

DÉSIGNATION

TAPISSERIES

1. — Belle et intéressante Tapisserie du xvie siècle, à petits personnages.

2. — Belle Tapisserie représentant une chasse; les personnage sont en costumes du temps de Henri IV.

3. — Quatre petits Panneaux du xvie siècle, représentant des petits personnages.

4. — Portière de l'époque *Louis XIII,* en parfait état de conservation.

5. — Trois charmantes Portières de la *Renaissance,* représentant des petits personnages en costumes curieux. Belle conservation.

MEUBLES

ET OBJETS D'AMEUBLEMENT

6. — Meuble de la *Renaissance* à deux corps, en noyer sculpté.

7. — Lit *Renaissance* à colonnes et fronton, en noyer finement sculpté.

8. Meuble crédence en noyer, époque *Louis XIII*.

9. Petit cabinet *Louis XIII*, incrusté dans le style persan.

10. — Coffre en noyer, du xve siècle, avec ferrures du temps.

11. — Coffre avec sujets à personnages, gravés dans le bas.

12. — Très-beau Coffre long de mariage, avec ornements incrustés, époque de la Renaissance italienne.

13. — Autre très-beau Coffre, même travail et même époque.

14. — Table en noyer, du xvie siècle.

15. — Cabinet italien en noyer, du xvie siècle.

16. — Jolie petite Table formant bureau et table à jeu, en bois rose avec incrustations de bois, époque *Louis XVI*.

17. — Deux Torchères, époque de *Louis XIV*, en bois sculpté
et doré.

18. — Fauteuil du xvi⁸ siècle en noyer sculpté, couvert en
en ancienne tapisserie.

19-20. — Deux charmantes Chaises, même travail et même
époque.

21. — Fauteuil *Louis XIV* en noyer, recouvert d'une ancienne
broderie.

22. — Quatre Chaises *Louis XIII* en noyer, couvertes en cuir
de Cordoue.

23. — Très-beau Pied de table formé par quatre cariatides,
en ancien noyer sculpté.

24. — Deux Torchères, époque de *Louis XIV*, représentant
un nègre et une négresse en costumes du temps.

25. — Harpe de Paris (*signée*) époque *Louis XVI*.

26. — Harpe (*signée*) époque *Louis XVI*.

ÉTOFFES

27. — Superbe Couvre-pied en soie, travail dit point Hon-
grois.

28. — Beau Couvre-pied en satin bleu, avec ornements en
relief, travail persan.

29. — Charmant Tapis de table avec riche bordure de
l'époque *Louis XIII*, et broderie à la main.

30. — Tapis de table fond soie jaune, brodé à la main.

31. — Devant de robe époque *Louis XIV*, en satin blanc,
brodé en fin.

32. — Sept mètres de broderie sur tulle, avec oiseaux et
fleurs en couleurs naturelles.

33. — Devant de robe brodé en soie.

34. — Plusieurs lots de belles franges anciennes.

35. — Soixante-dix mètres de galon en velours de Gênes
d'une parfaite conservation

BRONZES, PENDULES

CUIVRES, ARMES

36. — Pendule *Louis XIII* avec cadran finement ciselé.

37. — Pendule en bois noir avec cadran gravé.

38. — Paire de beaux Chenets florentins du xvie siècle, en fer forgé et gravé, avec ornements en bronze.

39. Paire de Chenets d'un beau dessin, à boules cannelées et gravées.

40. — Paire de Chenets époque *Louis XIII*.

41. — Suspension en cuivre époque *Louis XIII*.

42. — Plusieurs lampes juives d'un beau métal, époque *Louis XIII*.

43. — Belle vasque ovale en cuivre rouge repoussé.

44. — Vasque ronde.

45. — Vasque de l'époque *Louis XIII*.

46. — Grande et belle fontaine en cuivre rouge avec ornements repoussés.

47. — Grande fontaine en forme de vase à balustres de l'époque *Louis XIV*.

48. — Douze Plats en cuivre repoussé des xvie et xviie siècles (seront vendus séparément).

49. — Jolie Aiguière du xvie siècle.

50. — Vase de forme ronde à couvercle en cuir rouge doré et repoussé du xvie siècle.

51. — Deux jolis Vases à anses en cuivre repoussé et argenté, époque *Louis XIII.*

52. — Plusieurs Paires de flambeaux *Louis XIII.*

53. — Rapière incrustée d'argent et d'or, de l'époque du xvie siècle.

54. — Rapière incrustée

55. — Canon damasquiné or du xvie siècle.

56. — Vase ancien à ornements.

57. — Charmante petite Cage en fer du xvie siècle.

58. — Cage en bois rose avec vernis Martin, époque *Louis XIV.*

BORDURES

59. — Nombre de Bordures en bois sculpté et doré des xvie, xviie et xviiie siècles, qui seront vendues en lots.

FAÏENCES

DE CASTELLI, URBINO, VENISE, CAFFAGIOLO, ETC.

60. — Grand et beau service de l'ancienne *fabrique de Ginori* de Florence, avec décor rehaussé d'or, composé d'environ deux cents pièces : soupières, plats ronds et ovales, assiettes, compotiers, etc. (Sera divisé.)

61. — Deux Vases droits en ancienne faïence d'Urbino à médaillons.

62-63. — Deux Coupes en ancienne faïence d'Urbino avec ornements, bossages et médaillons.

64. — Plat en ancienne faïence d'Urbino, décor d'arabesques et médaillons.

65. — Deux beaux Cornets en ancienne faïence de Caffagiolo à médaillons.

66. — Tasses en ancienne faïence de Castelli.

67. — Très-belle plaque en ancienne faïence de Castelli, représentant l'Asie ; sujet allégorique.

68. — Grande Plaque en faïence d'Urbino, représentant la Sainte-Famille.

69. — Grande Plaque ronde avec bordure, représentant un paysage avec ruines.

70. — Plaque représentant la Transformation d'Actéon.

71. — Plaque ronde représentant les Jeux d'Amours.

72. — Jolie Plaque dans son cadre incrusté, représentant l'Ivresse de Bacchus; bel émail et bon dessin.

73. — Plaque dans son ancienne bordure, représentant une Chasse.

74. — Plaque (*signée*) représentant un port; dessin très-fin.

75. — Grande et belle Plaque (*signée*) représentant un Ange.

76. — Charmante Plaque représentant le Passage du Gué, avec une jolie bordure de l'époque *Louis XIII*.

77. — Plats de diverses fabriques.

78. — Charmant petit Plateau creux représentant Saint Jean enfant.

79. — Plusieurs Paires de cornets.

80. — Huit charmantes Assiettes en vieux Venise, décors de
personnages.

81. — Douze Plaques en ancienne faïence de Castelli (seront
vendues séparément).

82. — Objets non catalogués.

PARIS. — J. CLAYE, IMPRIMEUR, 7, RUE SAINT-BENOIT. — [166]